(N° 191)

Vente du Vendredi 5 Novembre 1909

HOTEL DROUOT — SALLE N° 7

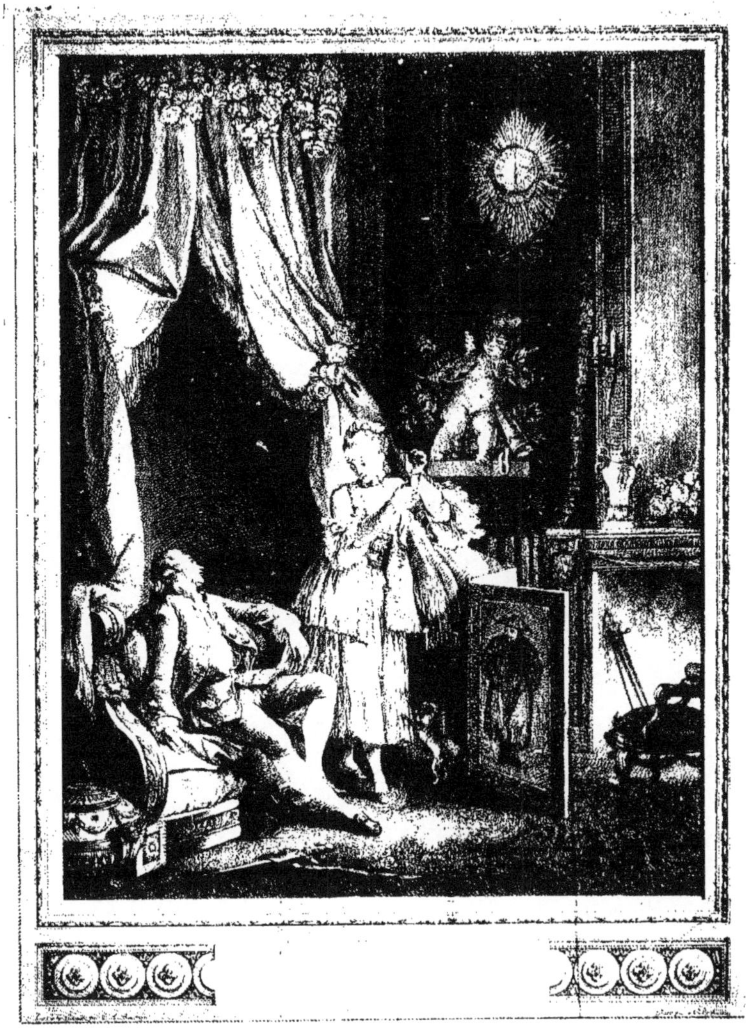

N° 8 du Catalogue.

ESTAMPES DU XVIIIe SIÈCLE

Me ANDRÉ DESVOUGES

M. LOYS DELTEIL

IMPRIMERIE
FRAZIER-SOYE
153-155-157, Rue Montmartre
PARIS

CATALOGUE

DES

ESTAMPES

DU

XVIIIe SIÈCLE

ŒUVRES

DE

BAUDOUIN, BOUCHER, CHARDIN, DEBUCOURT,
DEMARTEAU, LAVREINCE, QUEVERDO,
JOSHUA REYNOLDS, J.-R. SMITH, A. WATTEAU, etc.

Dont la vente aura lieu

à Paris, HOTEL DROUOT, Salle N° 7

Le Vendredi 5 Novembre 1909

à 2 heures précises

Par le Ministère de Mᵉ ANDRÉ DESVOUGES

COMMISSAIRE-PRISEUR

26, Rue de la Grange-Batelière

Assisté de M. LOYS DELTEIL, Artiste-Graveur, Expert

2, Rue des Beaux-Arts

CONDITIONS DE LA VENTE

Elle sera faite au comptant.

Les adjudicataires paieront *dix pour cent* en sus des enchères.

M. Loys Delteil remplira les commissions que voudront bien lui confier les amateurs ne pouvant y assister.

MM. les amateurs pourront visiter la collection, 2, *rue des Beaux-Arts*, du Mardi 26 Octobre au Samedi 30 et les 3 et 4 Novembre 1909, de 2 heures à 5 heures.

Pour paraître prochainement, à la librairie

DORBON AINÉ

53ter, Quai des Grands-Augustins, Paris

LE MANUEL

DE

L'AMATEUR D'ESTAMPES

DU XVIIIe SIÈCLE

par

LOYS DELTEIL

1 volume grand in-8°, d'environ 450 pages et orné de 140 reproductions des estampes les plus belles et les plus rares du XVIIIe siècle.

Ce MANUEL contiendra une histoire de l'estampe, de 1701 à 1800, des renseignements techniques sur les différents modes de gravure, la nomenclature ou la description d'environ 2,500 gravures, la citation de 1,200 artistes, peintres et graveurs, et près de 4,000 prix d'adjudication des ventes les plus célèbres. Enfin une triple table des estampes et des noms des artistes cités, ainsi que des ouvrages relatifs à la gravure, permettra au lecteur de trouver avec facilité le renseignement qu'il cherche.

Le prix de souscription au

MANUEL DE L'AMATEUR D'ESTAMPES

DU XVIIIe SIÈCLE

est de **15** fr. broché, **17** fr. avec cartonnage spécial.

On peut s'inscrire également pour le MANUEL, chez l'auteur, 2, *rue des Beaux-Arts*.

Le Peintre-Graveur Illustré

(XIXe & XXe SIÈCLES)

par LOYS DELTEIL

OUVRAGE HONORÉ D'UNE SOUSCRIPTION DU MINISTÈRE DE L'INSTRUCTION PUBLIQUE ET DES BEAUX-ARTS

TOME Ier — MILLET, ROUSSEAU, etc. . . . . **Épuisé.**

TOME II — CH. MERYON . . . . . . **25** fr. et **20** fr.

TOME III — INGRES — EUG. DELACROIX

45 Exemplaires de luxe (*presque épuisés*). . . . . **50** francs
300 — . . . . **25** —
100 — (sans l'eau-forte de Delacroix). . . . . . **20** —

TOME IV — ANDERS ZORN

350 Exemplaires avec l'eau-forte originale. . . . . **40** francs
150 — (sans l'eau-forte). . . . . **30** —

EN SOUSCRIPTION : **POUR PARAITRE EN FÉVRIER 1910**

TOME V consacré à COROT

50 Exemplaires de luxe, avec une eau-forte originale de COROT, le *Dôme florentin, avant la lettre*, sur japon. . **50** francs
350 Exemplaires ordinaires, avec l'eau-forte avec la lettre . . **20** —
100 — — sans l'eau-forte . . . . **15** —

A l'apparition de l'ouvrage, le prix en sera porté, pour les exemplaires de luxe à **70** fr., et les exemplaires ordinaires à **25** fr. et à **20** fr.

EN PRÉPARATION : **POUR PARAITRE EN AVRIL 1910**

TOME VI consacré à
RUDE, BARYE, CARPEAUX, RODIN

LE PRIX DE SOUSCRIPTION AU TOME VI SERA PROCHAINEMENT FIXÉ

BULLETIN DE SOUSCRIPTION

(A renvoyer à M. LOYS DELTEIL, 2, rue des Beaux-Arts)

Je, soussigné, déclare souscrire à .... exemplaire du Tome Ve du PEINTRE-GRAVEUR ILLUSTRÉ, au prix .... francs l'exemplaire.

Signature et Adresse :

AVIS IMPORTANT

M. Loys Delteil fait connaître aux amateurs qui lui avaient adressé leur adhésion à la publication entreprise par Madame de Basily-Callimaki sur Isabey, *et dont il avait consenti à recevoir les souscriptions à son domicile, qu'il est désormais complètement étranger à cette publication à laquelle il a du retirer son concours.*

DÉSIGNATION

ADRESSES

1. *Aux Quatre Parties du Monde, Rue Neuve à Lyon, Antoine Girard, tient magazin de Papiers...*, par Meunier. Belle épreuve. Rare.

ALIX (P. M.)

2. Voltaire, *Dédié à Belle et Bonne fille adoptive de Voltaire*, d'apr. Garnerey. Belle épreuve, *imp. en couleurs.*

3. Mirabeau. Bonne épreuve, *avant la lettre, imp. en couleurs.*

4. Louis XVIII, d'apr. Pasquier. Belle épreuve, *imp. en couleurs.*

5. Fénelon — Raynal — Mably — Charlotte Corday — Pie VI — Louis XVIII. Six pièces, *imp. en couleurs* (2 sans marges).

ANSELIN (J. L.)

6. La Belle Jardinière (Mme de Pompadour), d'apr. C. Vanloo. Belle épreuve (petite cassure).

BAUDOUIN (d'après P. A.)

7. Les Amours pastorales, par Choffard (E. B. 7). Belle épreuve.

8. Le Carquois épuisé, par N. De Launay, (11). Superbe et rare épreuve, *avant la lettre.*

9. Les Soins tardifs, par N. De Launay (45). Superbe et rare épreuve, *avant la lettre.*

10. Le Soir (46), par E. De Ghendt. Belle épreuve.

11. L'Amour à l'épreuve — L'Amour frivole. Deux pièces par Beauvarlet, se faisant pendants. Epreuves du tirage postérieur (une manque de conservation).

12. Annette et Lubin — Les Cerises. Deux pièces par N. Ponce, se faisant pendants. Epreuves de tirage postérieur.

BAUDOUIN et LAVREINCE (d'après)

13. Le Curieux — Le Contretemps. Deux pièces par Maleuvre et Dequevauviller. Belles épreuves de tirage postérieur.

BENAZECH (d'après)

14. Le Couronnement de la Rosière. Belle épreuve, *imp. en couleurs.*

BIGG (d'après W. R.)

15. *Two Favourite Chickens going to Market,* par W. Pether, 1793. Belle épreuve (petites restaurations).

16. *The Peasant's Integrity or Lost Lamb. Restored* - *The Plundering vagrants or Gipsies Detected.* Deux pièces par W. Barnard, se faisant pendants. Epreuves *coloriées.*

BOILLY (L.)

17. Grimaces. Vingt et une pièces coloriées (jaunies, une rognée).

BOILLY (d'après L.)

18. La Comparaison des petits Pieds, par Chaponnier. Bonne épreuve.

19. L'Optique, par Cazenave. Belle épreuve, *imp. en couleurs*, avec rehauts, sans marge (petites cassures). Sous verre.

20. La même estampe. Epreuve manquant de conservation.

21. Prends ce biscuit, par G. Vidal. Belle épreuve, *coloriée*.

22. Trait Héroïque, par Petit. Belle épreuve.

23. Scènes de voleurs, par Gror. Deux pièces se faisant pendants. Belles épreuves, *imp. en couleurs*, une manquant de conservation. On y a joint 2 vues de Hollande, d'apr. Weirotter. Quatre pièces.

BOREL (d'après Ant.)

24. L'Amour puni, par Avril. Très belle épreuve.

BOUCHER (d'après F.)

25. La Belle villageoise, par Soubeyran. Très belle épreuve.

26. Le Départ du courrier — L'Arrivée du courrier. Deux pièces par Beauvarlet, se faisant pendants. Belles épreuves.

27. Les Sabots — La Fécondité. Deux pièces par R. Gaillard, se faisant pendants. Belles épreuves de tirage postérieur.

28. Le Panier mystérieux, par Gaillard — La Rêveuse, par Aveline — Baigneuses, par Huquier — Le Dessin — La Poésie, par Demarteau. Cinq pièces. Belles épreuves (une sans marges).

29. La Poésie pastorale — Le Dénicheur de nid — Les Caresses dangereuses — Le Midy — L'Eau —

Jeune Mère et deux enfants. Six pièces par Duflos, A. Peters, De Longueil, Demarteau, Petit. Belles épreuves.

BOUTELOU (L.)

30. L'Aiguille enfilée. Belle épreuve, *avant toute lettre*, tirée en bistre.

BUNBURY (d'après W. H.)

31. *The Deserter*, par Dickinson. Belle épreuve.

CARESME (d'après Ph.)

32. Hony soit qui mal y pense — Hony soit qui mal y voit. Deux pièces par Hubert, se faisant pendants. Belles épreuves (petites épidermures).

CARICATURES

33. Honni soit qui mal y voit — Le Gâteau des Rois, par Le Mire — La Bizarrerie (fait par Catherine). Trois pièces. Belles épreuves, 2 tirées en bistre.

CHALLE (d'après M. A.)

34. Le Portrait chéri, par Bonnet. Belle épreuve, *imp. en couleurs* (remmargée).

CHARDIN (d'après J. B. S.)

35. La Gouvernante, par B. Lépicié (E. B. 24). Très belle épreuve.

36. La Mère laborieuse, par B. Lépicié (35). Très belle épreuve.

CHATAIGNIER (A.)

37. La Mère à la Mode. Belle épreuve, *coloriée*.

CIPRIANI (d'après G. B.)

38. *A Naiad*, par F. Bartolozzi, 1779. Belle épreuve tirée en 2 tons et rehaussée. On y a joint la copie par A. Conte. Deux pièces.

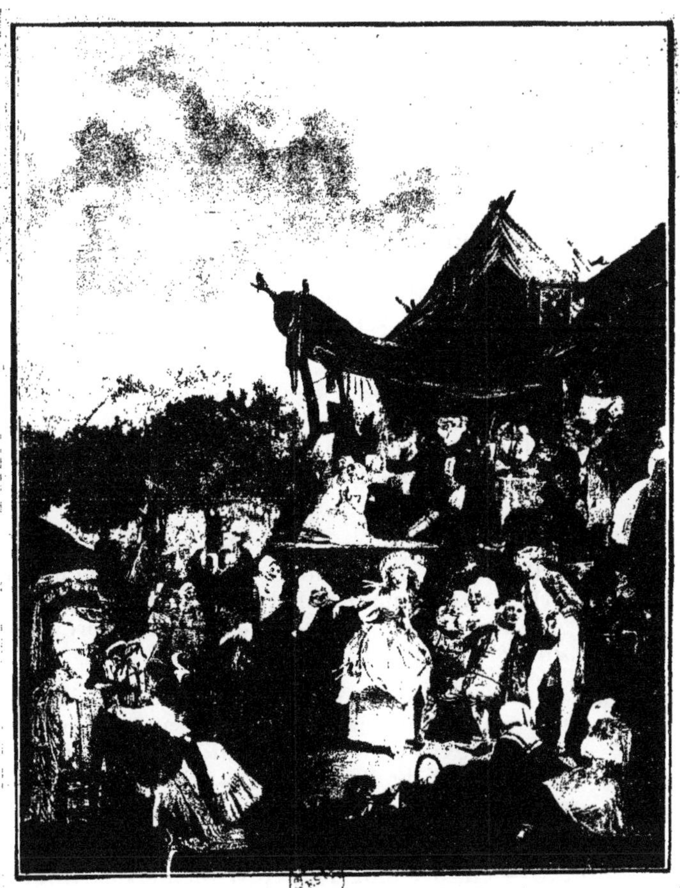

N° 51 du Catalogue.

39. The Happy Father, par Bartolozzi. Epreuve sans marge, encadrée.

COSTUMES

40. Costumes Militaires, par Hoffmann : Le Régiment d'Ernest — Le Régiment de Bouillon — Le Régiment d'Angoumois — Le Régiment de Boulonnois. Quatre pièces. Très belles épreuves, *coloriées.*

41. Le Régiment de Penthièvre — Le Régiment de Vermandois — Le Régiment de la Couronne — Le Régiment d'Orléans — Le Régiment d'Aquitaine — Gardes-côtes. Six pièces. Très belles épreuves, *coloriées.*

42. Provincial-corse — Le Régiment Royal italien — Le Régiment de Salm-Salm — Le Régiment d'Anjou — Le Régiment du Perche — Le Régiment de Blaisois. Six pièces. Très belles épreuves, *coloriées.*

43. Le Régiment de Poitou — Le Régiment de Brie — Le Régiment de Flandres — Le Régiment de de Hesse-Darmstadt — Invalides — Le Régiment d'Agénois. Six pièces. Très belles épreuves, *coloriées.*

44. Le Régiment Viennois — Le Régiment de Royal Auvergne — Le Régiment de Nassau — Compagnies d'Ouvriers — Compagnies de Mineurs — Le Régiment de Bourbonnois. Six pièces. Très belles épreuves, *coloriées.*

45. Le Régiment de Vivarais — Le Régiment de la Fère — Gardes-Magasins et Artificiers d'Artillerie — Le Régiment d'Artois — Le Régiment de Bourgogne — Le Régiment de Conti. Six pièces. Très belles épreuves, *coloriées.*

46. Le Régiment de Bresse — Le Régiment de Saintonge — Le Régiment de Berwick — Le Régiment de Foix — Le Régiment d'Austrasie — Le Régi-

ment de Piémont. Six pièces. Très belles épreuves *coloriées.*

47. Le Régiment de Hainault — Le Régiment d'Armagnac — Le Régiment de Neustrie — Le Régiment de Walsh — Le Régiment de Bassigny — Le Régiment Royal-Vaisseaux. Six pièces. Très belles épreuves, *coloriées.*

48. Les Muses — Les Sens — Impératrices romaines, etc., 22 pl. à costumes, par Bonnart. Belles épreuves.

COYPEL (d'après N. N.)

49. L'Alliance de Bacchus et de Vénus, par J. Ph. Le Bas. Très belle épreuve à l'*état d'eau-forte pure.*

DAYES (d'après E.)

50. Vue du Chœur de St-Paul, le 23 avril 1789 — Vue du Procès de Warren Hastings instruit dans la salle de Westminster, 13 février 1788. Deux pièces intéressantes pour les costumes, par Pollard et Jukes. Belles épreuves.

DEBUCOURT (P. L.)

51. Le Menuet de la Mariée (M. F. 8). Très belle épreuve *avant les retouches, imprimée en couleurs* (sans marges, petite tache).

52. Liberté (40) — Fraternité (42) — Unité (43) — Etude d'après Rembrandt (315) — Le Baiser à propos de bottes, reproduction. Ensemble 5 pièces.

53. Berceau de Paul et Virginie — Les Premiers pas de Paul et Virginie (54-55). Deux pièces faisant pendants. Très belles épreuves du 2e état (sur 3). Filet de marge.

54. Minet aux aguets (57). Belle épreuve (petit grattage dans l'adresse).

55. Un Usurier (151). Epreuve *coloriée.*

56. Tambours Russe et Anglais, d'ap. C. Vernet. Epreuve *coloriée.*

57. La Croix d'honneur — Le Drapeau (488-489). Deux pièces se faisant pendants. Epreuves mi-imprimées en couleurs, mi-coloriées.

58. René Juste Haüy, d'après Van Gorp (512). Belle épreuve tirée en 2 tons.

DEBUCOURT — JAZET

59. La Flambée du cochon (257) — Paysage d'Hiver. Deux pièces. Belles épreuves *imp. en 2 tons* et *coloriées.* (Sans marges.)

DEMARTEAU (G.)

60. Vénus et l'Amour sur un lit de repos, d'ap. Boucher (n° 46). Très belle épreuve, *imp. en sanguine.*

61. Tête de Femme, d'apr. Boucher (n° 49). Très belle épreuve, *tirée en sanguine.*

62. Groupe de trois Enfants, d'après Boucher (n° 97). Belle épreuve, *tirée en sanguine.*

63. Allégorie du Mariage du Dauphin, d'apr. Guérin (222). Superbe épreuve, *tirée en sanguine.*

64. Le Plaisir innocent, d'après J.-B. Huet (433). Belle épreuve, aux 3 crayons.

65. Bacchanales, d'apr. Pierre (n° 440). Belle épreuve, *tirée en sanguine.* — Tête de femme, d'apr. Boucher, aux 3 crayons, incomplète. Sous-verre. Deux pièces.

66. La Vierge — Tête de Femme. Deux pièces, d'apr. Vincent. Belles épreuves tirées aux 3 crayons. Sans marges.

67. Le Petit pêcheur à la ligne (n° 142) — Etude de garçon assis (79) — Deux Figures — Femme endormie. Quatre pièces d'après Boucher, *tirées en sanguine.*

DEMARTEAU, JANINET, BONNET

68. Attributs de chasse — Etudes de figures et de Paysages. Dix-huit pièces, *tirées en sanguine.*

DEROSIER (d'après)

69. L'Arrivée du Modèle — Le Déjeuner du Modèle. Deux pièces se faisant pendants. Belles épreuves, *imp. en couleurs* (sans marges).

DESCOURTIS, ABERLI, etc.

70. Vue du Scheld-Wald-Bach — Chûte de l'Aar — Paysanne servante à Berne — Hôpital du Gd St-Bernard, etc. Six pièces. Belles épreuves, *imp. en couleurs* ou *coloriées.*

EARLOM (Richard)

71. La Forge, d'ap. Wright. Belle épreuve, *avant la lettre.*

72. *A Blacksmith's Shop*, d'apr. J. Wright, 1771. Très belle épreuve.

73. L'Enfer ou la Magicienne, d'apr. D. Téniers. Belle épreuve.

ÉCOLES FRANÇAISE ET ANGLAISE DU XVIIIe SIÈCLE

74. Les Chanteurs des Boulevards (A Paris, chez Berthault). De forme ronde. Belle épreuve, tirée en bistre. Rare.

75. Colin-maillard — La Main chaude. Deux pièces se faisant pendants. Belles épreuves, *tirées en bistre.*

76. Samuel, par Dickinson, d'apr. Dean — Portrait de de Femme en Diane chasseresse, par J. Mac Ardell, d'apr. Ramsay. Deux pièces.

77. L'Air, par Queverdo — La signature du contrat de mariage, d'apr. Pater — La Marchande d'Amour, par Beauvarlet, d'apr. Vien, avant t. l. Trois pièces. Belles épreuves.

78. *The Grace the Dutchers of Monmouth...*, par J. Smith, d'apr. G. Kneller — Nul amour sans peine, par Lépicié, d'apr. Nattier — Les Baigneuses, par L. Lempereur. Trois pièces. Belles épreuves.

79. The Holy Family, par J. Boydell — Antiochus et Stratonice, par Green, d'apr. West — Lady Macbeth, par J. R. Smith, d'apr. Fusely. Trois pièces, grand in-fol.

80. Le Naufrage, par Dickinson, d'apr. J. Vernet — Mrs Siddons, dans Grecian Daughter, par J. Caldwall, d'apr. Hamilton — Tippoo delivring to Gullum Alli beg..., par J. Groser, d'apr. Singleton. Trois pièces, deux imp. en couleurs.

81. Planches allégoriques relatives au Dauphin (Louis XVII), à la Dsse de Rutland et à la Psse Charlotte. Quatre pièces gr. in-fol. par Bartolozzi, Turner, A. Le Grand, une *avant toute lettre.*

82. *The Three favorite aerial Travellers* (V. Lunardi et Mrs Sage), par Bartolozzi — Vertumne et Pomone, par Bonnet — Soldats et animaux, par Demarteau, d'apr. Vanloo et Dagommer. Ensemble cinq pièces.

83. L'Espérance au Hazard, par Dupuis, d'apr. Schenau — La Cruche cassée, par Massard, d'apr. Greuze — Promettre est un..., par Le Grand, d'apr. Eisen — Offrande à l'Hymen, par Patas, d'apr. Callet — Le Sacrifice à l'Amour, par Girard, d'apr. Cipriani. Cinq pièces.

84. Boby, par L. Julien, d'apr. S. Julien — Le Maréchal ferrant de la Vendée, par Copia, d'apr. L. Boilly — Le Prêtre du cathéchisme, le Supot de

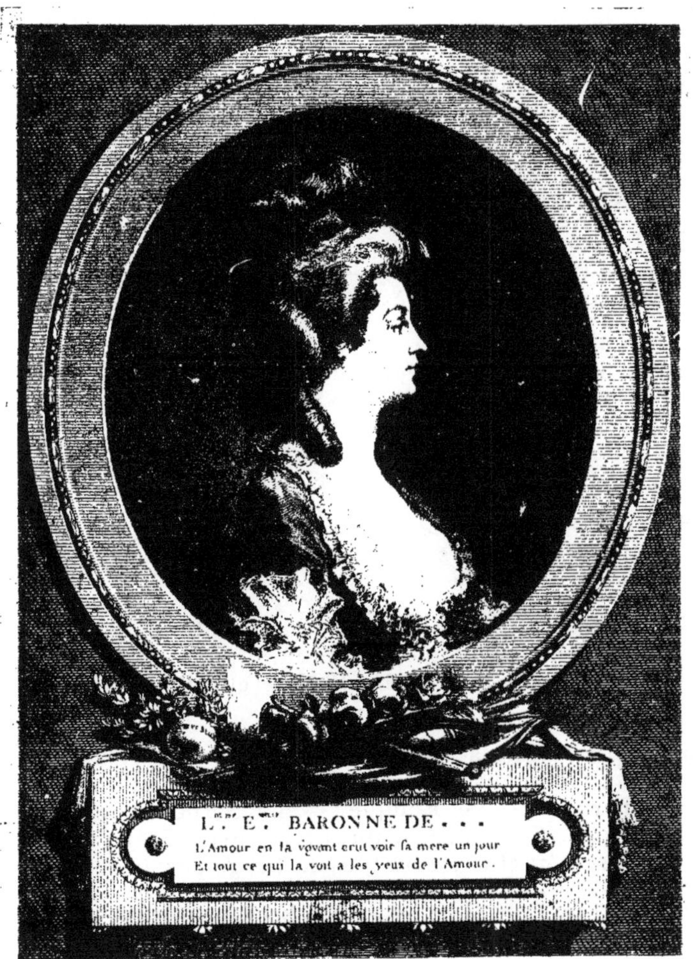

N° 162 du Catalogue.

Bacchus, le Traitant, par Tournay, Basan et Lucas. Cinq pièces. Belles épreuves.

85. Les Sevreuses — La Poupée et le volant — Le Cervolant — Hercule et Omphale — L'air grave... — Alphée et Aréthuse. Six pièces par Ingouf, de Fehrt, Cars, etc., d'apr. Greuze, Dumenil, Coypel, Le Moine, la plupart en belles épreuves.

86. La Tendre éducation — La Cocu battu et content — The Happy Father — Le Paisible ménage, etc. Six pièces d'après Caresme, Pater, Greuze, Cipriani, etc.

87. A Sheperd and Shephendess — The Dancing Dolls — The Captive — Le voyageur malheureux — Shakespeare, Henri IV — L'Alchimiste. Six pièces par Ryder, Dean, Burnett, Green, Pether et Playter, la plupart en belles épreuves.

88. Laodamia — La Chapelle en ruines — Le Paralytique servi par ses Enfants, etc. Six pl. d'apr. H. Robert, Greuze, etc. Belles épreuves.

89. Le Réfractaire amoureux — Familiarité dangereuse — La Pantoufle — Le Dessin, etc. Six pièces par A. de St Aubin, Nerbé, St Non, etc. Belles épreuves (3 de tirage postérieur).

90. L'Horoscope accompli — Les Epoux curieux — La Complaisance maternelle — La Famille du Fermier — Le Bouquet — Le Serpent sous les fleurs. Six pièces d'apr. Freudeberg, Fragonard, Eisen, et Huet. Epreuves de tirage postérieur.

91. Mort de Jane Grey — A Blacksmith's shop — The Mariage of King Henry the VIII... — Vie de Joseph, etc. Huit pièces par Green, Young et Earlom, la plupart manquant de conservation.

92. Retour du marché — Les Ennuyés chez eux — Le Gourmet — Les Gastronomes sans argent — Fanchon la vielleuse — Rousseau — Le Départ

pour l'hôpital. Huit pièces par Debucourt, Coqueret, Commarieux, Schencker, etc., plusieurs manquent de conservation.

93. Bacchant — Ella — Cottager of Walheim — Musick, etc. Neuf pièces par Hogg, C. Taylor, C. Watson, etc.

94. Le Premier baiser de l'Amour — Triomphe de Vénus — Hommage à Vénus — Scène de la vie de Henri IV, etc. Neuf pièces à l'état d'eau-forte pure.

95. Les Adieux de la nourrice — La Confidence — L'Amusement de la campagne — Le Repos, etc. Dix pièces d'apr. Aubry, Boucher, Huet, Freudeberg, etc.

96. Eglise de la Sorbonne, Dôme des Invalides, par Janinet — L'Amour vagabond — Ruse d'Amour — La Petite Fermière — Domestick Happiness, etc. Dix pièces d'après Morland, Loutherbourg, A. Kauffman, etc., plusieurs imp. en couleurs ou coloriées.

97. Mrs Siddons — Articles d'union présentés à la Reine Anne — An Iron Forge — Boys playing at Peg top, et pendant — John Horne Tooke — Phaeton — Naufrage, etc. Dix pièces (y compris 2 reproductions), par Green, Earlom, Pollard, Ward, etc., manquant de conservation.

98. Boy and Ficgting Cocks - The Night Mare — L'Eveillée — La Récréation — Il fuit en riant de sa douleur, etc. Dix pièces d'apr. Hamilton, Fussh, Condé, etc., plusieurs imp. en couleurs ou coloriées.

99. Le Repos du laboureur — Jupiter et Léda — Cornelie — Les Amours à la maison — A la volupté, etc. Dix pl. d'apr. Singleton, Mallet, Schall, etc.

EISEN (d'après F.)

100. Le Beau commissaire, par L. Halbou. Très belle épreuve.

EISEN (d'après Ch.)

101. Le Model enchanteur, par d'Ab..... Très belle épreuve.

FRAGONARD (d'après H.)

102. La Bascule, par Beauvarlet. Belle épreuve (petite restauration).

103. La Bonne Mère — Fontaine d'Amour. Deux pièces par Audebert, se faisant pendants. Très belles épreuves, à toutes marges.

104. La Bonne Mère, par N. De Launay. Epreuve manquant un peu de conservation.

105. Le Songe d'amour, par N. F. Regnault. Très belle épreuve, *avec la lettre grise* (petite épidermure).

106. Le Verrou, par Mlle Blot. Très belle épreuve.

FRAGONARD, BAUDOUIN, BOREL, etc. (d'après)

107. Le Verre d'eau — L'Amour frivole — L'Indiscret. Trois pièces par Ponce, Beauvarlet et Dequevauviller. Belles épreuves de tirage postérieur.

108. Bacchanale — Pierres gravées de Guay, par Mme de Pompadour — Contes de La Fontaine. Ensemble sept pièces. Belles épreuves (sauf une).

109. La Coupe enchantée — Parc de Villa italienne — Le Jeu du Pied-de-bœuf — Idole de la Déesse Ki Mâo Sâo. Quatre pièces. Belles épreuves (une sans marges).

FRAGONARD — GOYA — TIÉPOLO

110. Sujets religieux, d'après les maîtres italiens — Caprices. Neuf pièces, la plupart en belles épreuves.

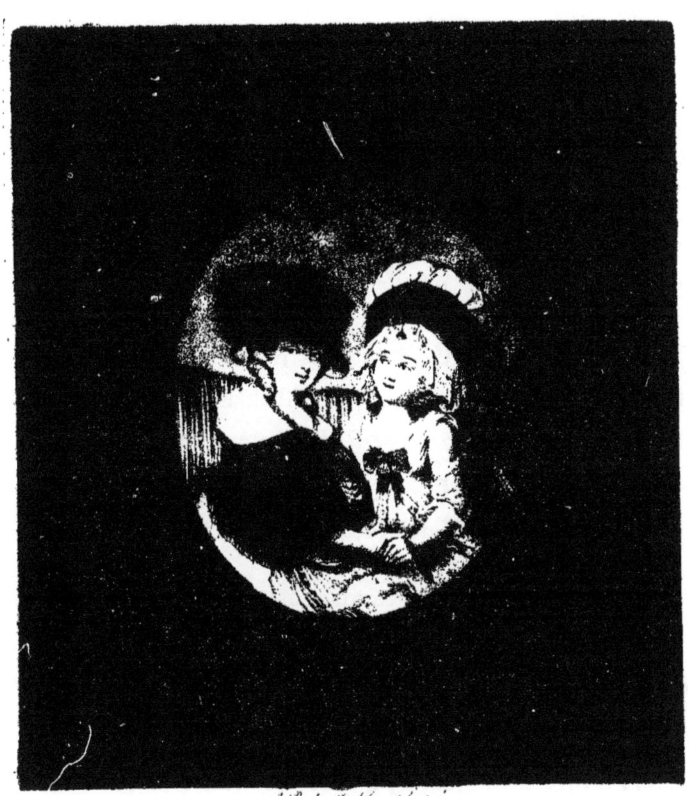

LES DEUX AMI,

ou

[illegible]

[illegible]

Nº 107 du Catalogue.

FREUDEBERG et Mlle GÉRARD (d'après)

111. Les Epoux curieux — L'Horoscope accomplie — Le Défenseur officieux. Trois pièces par P. de Colle et H. Gérard et Benoist.

GAINSBOROUGH (d'après Th.)

112. *The Woodman*, par P. Simon, 1791. Très belle épreuve.

GILLRAY (J.)

113. *The Triumph of Benevolence*, 1788. Très belle épreuve.

GREUZE (d'après J. B.)

114. L'Accordée de village, par Mirel. Encadrée.

115. *Plegaria al Amor*, par P. P. Molès. Belle épreuve.

HUET (d'après J. B.)

116. Les Adieux du Fermier, par Jubier. Belle épreuve, *imp. en couleurs*.

117. Ce qui est bon à prendre, est bon à garder, par Chaponnier. Très belle épreuve, *avant la lettre*.

JANINET (J. F.)

118. La Bacchante enivrée, d'après Caresme. Bonne épreuve, *imp. en couleurs*.

119. La Foire hollandaise, d'après A. van Ostade. Très belle épreuve *imp. en couleurs*. Sans marge.

120. Villa Sachetti, d'apr. H. Robert. Belle épreuve *imp. en couleurs*, sans marges, petite cassure.

JAZET (J. P. M.)

121. Les Politiques de village — Le Jour de loyer — Le Colin Maillard — L'Aveugle joueur de violon. Suite de quatre pièces, d'après Wilkie. Belles épreuves, encadrées.

LANCRET (d'après N.)

122. La Servante justifiée, par N. De Larmessin. Belle épreuve.

123. *Veux-tu d'une inhumaine...* par S. Silvestre (85). Très belle et rare épreuve du 1er état, avant toute lettre.

124. La Belle grecque — L'Eté — L'Hyver — Le Philosophe marié. Quatre pièces. Bonnes épreuves (une sans marges).

LAURENCE (d'après sir Thomas)

125. Portraits de Femmes. Deux pièces par S. W. Reynolds (manquent de conservation).

LAVREINCE (d'après N.)

126. L'Heureux moment, par N. De Launay (E. B. 28). Superbe épreuve, *avant la dédicace.*

127. Le Lever des ouvrières en modes, par J. B. Compagnie. Belle épreuve.

128. La Sentinelle en défaut, par Darcis (58). Belle épreuve *avant la lettre, coloriée.*

LEMIRE (Noël)

129. La Promenade — L'Heureuse rencontre — Matelot hollandais — Les Négociants du Levant — Les Vivandières. Cinq pièces. Belles épreuves.

LE MOINE (d'après F.)

130. Hercule et Omphale, par L. Cars. Très-rare épreuve à l'*état d'eau-forte.*

LE PRINCE (J. B.)

131. Les Soldats — Le Port — Les Voyageurs — Femme russe. Cinq pièces, par J. B. Le Prince et Demarteau. Belles épreuves.

MALLET (d'après)

132. Saint Preux ou les Allarmes de l'Amour. Belle épreuve, *imp. en couleurs.*

MARTINET (N. F.)

133. L'Equilibre perdu. Belle épreuve.

MASQUELIER (N. F. J.)

134. La Rose perdue. Très belle épreuve.

MONNET (d'après Ch.)

135. Salmacis et Hermaphrodite — Les Baigneuses surprises. Deux pièces, par G. Vidal, se faisant pendants. Belles épreuves.

MOREAU LE JEUNE (J. M.)

136. Le Bal masqué (E. B. 200). Très belle et très-rare épreuve du 1er état, à l'état d'eau-forte pure.

137. La petite Toilette, par P. A. Martini. Epreuve avec les lettres A. R. D. R.

MORLAND (d'après G.)

138. Le Départ pour le marché, par Gaugain. Superbe épreuve, *avant toute lettre, imp. en couleurs.*

139. *African hospitality — Slave trade.* Deux pièces par J. R. Smith, 1791, se faisant pendants. Bonnes épreuves.

MORLAND et SINGLETON (d'après)

140. Industrie et Economie. — Fruits de l'Industrie et de l'Economie. Deux pièces par Darcis.

ORNEMENTS

141. Boucher (F.) — Prevost jeune — Snyders (M.). Recueil de Fontaines, 5 pl. — Fleurs. Ensemble 25 pièces.

142. De la Fosse (J. C.). Trophées. Neuf pièces.

143. Vases, ornements divers, 15 pièces, la plupart en belles épreuves.

144. MONNOYER (J. B.). Guirlande de Fleurs. Très belle épreuve à toutes marges.

145. Id. — Livre de Plusieurs Corbeilles de Fleurs. Suite complète de trois pièces. Très belles épreuves, à toutes marges.

146. Id. — Grands et Moyens Vases de Fleurs. Neuf pièces, la plupart en très belles épreuves.

147. PILLEMENT (J.). *Recueil de fleurs de caprice*, titre et 4 pl. — Motifs de paravents, 3 pl., 1759. Ensemble huit pièces. Très belles épreuves.

148. RIESTER (M.). Ornements divers, 195 planches.

149. SAINT-AUBIN (Germ. de). *Cahier de 6 Dessins de broderie pour Souliers*. Belles épreuves en cahier. Rare.

150. Ornements divers, 195 planches anciennes et modernes.

PARK (Th.)

151. *Romeo and Juliet* (M. Brunton et Mrs Holman), d'apr. M. Brown. Très belle épreuve.

152. *The Wood Pigeons — The Mouse Trap*. Deux pièces, d'apr. J. G. Huck, se faisant pendants (une pl. manque de conservation).

PETERS (d'après W.)

153. *The Resurrection of a Pious Family*....., par Bartolozzi, 1790. Belle épreuve, *imp. en couleurs*.

PFEIFFER — DURMER

154. Marie-Thérèse, Archiduchesse d'Autriche, d'apr. Kreusinger — Marie Louise, Reine de Hongrie. Deux pièces. Belles épreuves.

QUEVERDO (d'après F. M.)

155. Les Plaisirs des Saisons. Suite complète de quatre pièces, par Dambrun. Très belles épreuves (légères mouillures).

156. La Musique — La Peinture — La Sculpture. Trois pièces formant série. Très belles épreuves (légères mouillures).

REYNOLDS (d'après sir Joshua)

157. *The Honourable Miss Bingham — The Rt Honourable Countess Spencer.* Deux pièces, par F. Bartolozzi, se faisant pendants. Très belles et rares épreuves, *imp. en couleurs.*

158. Maria Countess of Waldegrave et sir Daughter Lady Eliz th Laura, par J. Smith. Epreuve encadrée (épidermée).

159. Philippe, Duc d'Orléans, en pied, par J. R. Smith, 1786. Belle épreuve, *coloriée.*

RIDINGER (J. E.)

160. (1). *Perfaite et exacte Représentation des Divertissemens de Grands Seigneurs ou parfaite description des Chasses de toutes sortes de Bêtes...* Titre et 34 planches (sur 36), en 1 album in-fol. Très belles épreuves, cassures à une planche.

(2). *Betrachtung der wilden Thiere!* 1736. Frontispice (double) et suite complète de 40 planches. Très belles épreuves en 1 alb. in-fol., cart.

(3). *Nach der Natur entworffene Vorstelleingen,* 1750. Frontispice et 16 planches en 1 alb. in-fol., cart. (plusieurs en feuilles). On y a joint un double.

(4). Les Animaux qu'on chasse à courre avec leurs voies. Dix-neuf planches (d'une suite de 23). Très belles épreuves en cahier (une, incomplète).

(5). Les Cerfs et autres animaux curieux, 82 planches (sur 100). Belles épreuves en 2 alb. in-fol.

(6). Fables morales tirées du royaume des Animaux, titre, texte (moins 2 ff.) et 14 pl. (sur 20). Très belles épreuves.

(7). Suite de Chevaux de différentes races, 35 planches, la plupart en très belles épreuves.

(8). Chasse à courre, 6 pl. — Chasse au cerf — Cerfs et animaux divers. Ensemble 22 pl., la plupart en belles épreuves.

(9). Le Manège. Cinq planches grand in-fol. Très belles épreuves.

(10). L'Art de monter à cheval, 14 pl. — Cavaliers, 2 pl. Ensemble 16 pièces.

(11). Les Animaux qu'on chasse à courre, 14 planches (sur 22). Belles épreuves.

(12). Animaux divers : Chiens d'arrêt, singes, éléphants, etc. Trente-sept planches.

(13). Animaux divers, 49 planches de petit format. Belles épreuves.

(14). Chevaux, mules et ânes, selles, bats et attelages. Suite de 36 pièces numérotées. Très belles épreuves.

(15). Le Paradis perdu, 13 planches (y compris un double). Epreuves doublées.

RUSSELL (d'après J.)

161. *The Favorit Rabbit — Betsy in Trouble — The Dog's first sight of himself.* Trois pièces par C. Knight et N. Schiavonetti, 1798. Belles épreuves, *imp. en couleurs.*

SAINT-AUBIN (Aug. de)

162. Louise Emilie B^nne^ de *** (Mme de Breteuil) — Adrienne Sophie, M^ise^ de *** (Mme de St Aubin?).

Deux pièces se faisant pendants. (E. B. 7 et 173). Très belles épreuves, la seconde d'un *état non mentionné* par M. Bocher, avec un changement dans l'adresse, (très légères épidermures en marge).

SICARDI (d'après)

163. *Oh! che gusto!* — *Come la trovate.* Deux pièces, par Copia. Belles épreuves, une tirée en bistre.

SIMON et MASQUERIER (d'après)

164. La Tireuse de cartes — La Diseuse de bonne aventure. Deux pièces par Ruotte et Cardon, se faisant pendants. Belles épreuves.

SINGLETON (d'après **H.**)

165. Industry and Œconomy, par W. Ward, 1794. Belle épreuve.

166. *British Plenty* — *Scarcity in India.* Deux pièces, par Bartolotti, se faisant pendants. Superbes épreuves, *imp. en couleurs.*

SMITH (**J. R.**)

167. Les Deux Ami *(sic)*, 1778. Très belle épreuve à grandes marges.

168. Lear & Cordelia, d'après H. Fuseli, 1784. Belle épreuve.

STOTHARD et HAMILTON (d'après)

169. La Sortie de l'école — L'Entrée à l'école — La Danse en rond. Trois pièces, par Laindor, de Toulouse, Encadrées.

TARDIEU (**Ambroise**) — **ROGER** (**B.**)

170. Georges Washington — J. G. de Winter. Deux pièces. Belles épreuves, *imp. en couleurs*, la seconde avec rehauts.

VANLOO (d'après Carle)

171. Les Arts, suite complète de 4 pièces, par Et. Fessard, 1760. Très belles épreuves.

VERNET (d'après Joseph)

172. Les Jardinières — Promenade du Matin — L'Officier en promenade du Midi — Les Marchandes. Quatre pièces, par Le Bas et Thérèse Martinet. Belles épreuves.

173. Incendie d'un port, par Coulet. Epreuve encadrée.

VERNET (d'après C.)

174. Les Jockeys montés — Le Saut — La Barrière franchie — Le Galop, etc. Neuf pièces, par Darcis.

WATTEAU (d'après A.)

175. Diane au bain, par P. Aveline (E. de G. 36). Belle épreuve.

176. Retour de campagne, par Cochin (53). Très belle et rare épreuve, à *l'état d'eau-forte pure.*

177. La Rêveuse, par P. Aveline (88). Belle épreuve.

178. La Famille, par P. Aveline (134), épreuve avec 2 millim. de marge.

179. Dans ce beau jardin...— En vain nous prêche-t-on... (E. de G. 171-172). Deux pièces rares, par Dupin. Très belles épreuves.

180. *La Pellerine altérée* (277), par G. Huquier. Belle épreuve.

181. Le Temple de Neptune — Le Temple de Diane (278-279). Deux pièces, par Huquier, se faisant pendants. Très belles épreuves.

182. La Favorite de Flore, par Moyreau (302). Très belle épreuve.

183. L'Abreuvoir, par L. Jacob, avant toute lettre — Belle n'écoutez rien, par Cochin, état *non décrit*, le nom du graveur effacé — En vain nous prêche-t-on... Trois pièces. Belles épreuves.

184. Les Enfants de Bacchus, par Fessard — Le Repas de campagne, par Desplaces — Habillements chinois, par Aubert. Quatre pièces. Belles épreuves, une à *l'état d'eau-forte pure.*

185. La Marmote — La Fileuse — *Le Meunie et la Meunire* (sic) — Pierrot — The Comical Concert — Etudes de figures. Neuf pièces, par B. Audran, Du Bosc, Tremollières, Caylus. Très belles épreuves.

WESTALL (d'après R.)

186. An old Shepherd in à storm, par Meadows. Epreuve *imp. en couleurs* et *rehaussée.*

WHEATLEY (d'après F.)

187. Le Maréchal, par W. Dickinson, Paris, 1810. Belle épreuve.

WILLE fils (d'après P. A.)

188. Joueuse de cistre, par J. G. Muller — Tête de Femme. Deux pièces. Belles épreuves.

IMPRIMERIE
FRAZIER-SOYE
153-157, Rue Montmartre
PARIS

www.ingramcontent.com/pod-product-compliance
Ingram Content Group UK Ltd.
Pitfield, Milton Keynes, MK11 3LW, UK
UKHW020520180726
13839UKWH00005B/2214